AF446971

The Moon and the Waves

RIDING THE WAVES OF LIFE. POEMS IN ENGLISH WITH SPANISH TRANSLATIONS

WRITTEN BY
LILLIAN RODRIGUEZ

While every precaution has been taken in the preparation of this book, the author assumes no responsibility for errors or omissions, or for damages resulting from the use of the information provided and contained herein. The scanning, uploading or distribution of this book without permission of the author is hereby theft of the author's intellectual property.

First edition. December 2020

Copyright @2020 By Lillian Rodriguez

The Moon and the Waves; Riding the Waves of Life.

Acknowledgments

To my daughter Alyssa, I love you more than you'll ever know. To my guy, I love you and appreciate you. Para mi papa, gracias por tu apoyo y sabiduria. Te quiero mucho. Para mi mama, Te quiero mucho. Gracias por ensenarme como ser fuerte. Que descanses en paz Ama.

Thank you to my sisters Yolanda and Maria for always being there for me. I admire your strength, love and support. For my brothers Freddy and Eddie, I love you. Our mother lives in each one of us.

To my familia, I love each one of you.

Above all, thank you god.

The Moon and the Waves

Even if you get lost at sea

The tide will bring you back, eventually

The cold and the waves clash amongst each other

Perpetually

Heavenly

It will only allow you to swim with more force

Don't grow tired

The shore is what is at the end of the course

Endurance is the objective

Simply stay attentive and connected

Its all in our perspective

The moon and the waves are majestic

La Luna y las Olas

Incluso si te pierdes en el mar

La marea te traerá de vuelta, eventualmente

El frío y las olas chocan entre sí

Perpetuamente

Celestial

Sólo te permitirá nadar con más fuerza

No te canses

La orilla es lo que está al final del curso

La resistencia es el objetivo

Simplemente manténgase atento y conectado

Todo está en nuestra perspectiva

La luna y las olas son majestuosas

Tides

The Moon arrives

As sunset subsides

In comes the tides

Waves collide

Did the depth lead you in

Deep within

Where the blistering cold holds you captive

Always staying active

Wave after wave going back in

The darkness not so dark

The moonlights light on top of these waves

Shining upon it as it disembarks

Little by little the sun rises

In comes the tides

Never late always enticing

Mareas

La Luna llega

A medida que la puesta de sol disminuye

Vienen las mareas

Las olas chocan

La profundidad le llevó en

En el interior

Donde el frío ampollado te mantiene cautivo

Siempre activo

Ola tras ola volviendo a entrar

La oscuridad no tan oscura

La luz de la luna se ilumina sobre estas olas

Brillando sobre él mientras desembarca

Poco a poco sale el sol

Vienen las mareas

Nunca tarde siempre tentador

Anticipate

Did you expect me to wait

Anticipate

Walking circles to even corners

Corners with dead ends

Not easy to apprehend

Easy to forget once the love you lend

Back to the same spot

Let me guess

You must've forgot

I don't ask a lot

I've cut you a break

To repeat oneself is not a mistake

Did you think it'd be a piece of cake

Anticipar

Esperabas que te deba esperar?

Anticipar

Caminar círculos, incluso esquinas

Esquinas con callejones sin salida

No es fácil de aprehender

Fácil de olvidar una vez que el amor que prestas

Volver al mismo lugar

Déjame adivinar

Debiste olvidarlo.

No pido mucho

Te he cortado un descanso.

Repetirse no es un error

Pensaste que sería un pedazo de pastel

Heavens

Peace

A tranquil ease

Where the horizon meets each point

Where sky and water are joint

Where stars align

Where such creations combine

The beauty outshines

What our eyes see

You and me

Collectively

Transpire in our mind

Heavens grace is divine

Yours and mine

Cielos

Paz

Una tranquilidad

Donde el horizonte se encuentra con cada punto

Donde el cielo y el agua están unidos

Donde se alinean las estrellas

Cuando tales creaciones se combinan

La belleza eclipsa

Lo que ven nuestros ojos

Tú y yo

Colectivamente

Transpirar en nuestra mente

La gracia de los cielos es divina

La tuya y la mía

Walking to the Moon

I searched for you on earth

Didn't find you

Decided to find a road much better

Perhaps message you a letter

Started my search walking to the moon

Needed a guide through

Saw stars at a gaze and darkness too

Eventually the sun hit me with its brightness

Eclipse perhaps by the mystery moon

Lightyears away

I awake and see its just a normal day

Caminando a la Luna

Te busqué en la tierra

No te encontré

Decidió encontrar un camino mucho mejor

Tal vez te ensombrecí sea una carta

Empecé mi búsqueda caminando a la luna

Se necesita una guía a través de

Vio estrellas en una mirada y oscuridad también

Eventualmente el sol me golpeó con su brillo

Eclipse tal vez por la luna misteriosa

Anos luz de distancia

Me despierto y veo su día normal

Embers

You can feel the heat

The heat between hot tears

That stream on to your cheek

The heat of all the passion in between the years

The heat of anger as it reaches its peak

The embers left of fires you once had been hurt by

Those tears were the ones that put out the fires that were once high

Now those embers are passion for good

Which is now hard to come by

Brasas

Puedes sentir el calor

El calor entre lágrimas calientes

Esa corriente en tu mejilla

El calor de toda la pasión entre los años

El calor de la ira a medida que alcanza su apogeo

Las brasas que quedaron de los incendios que una vez había sido herido por

Esas lágrimas fueron las que apagaron los fuegos que una vez fueron altos

Ahora esas brasas son pasión por el bien

Lo cual ahora es difícil de lograr

A piece of Nature

Cold streams intermingle through nature

Down unknown paths

Who knows where some venture

When you step in rivers

It will grab you by iciness

Greenery on both ends nonetheless

Fish of variations as well

You could fish the day away

Or simply roast marshmallows on a campfire

While staring at the sky and letting the days memories transpire

Un pedazo de Naturaleza

Las corrientes frías se entremezclan a través de la naturaleza

Por caminos desconocidos

Quién sabe dónde se aventuran algunas

Cuando entras en los ríos te agarra

Verdor en ambos extremos, sin embargo frialdad

Pescado de variaciones también

Podrías pescar todo el día

O simplemente asar malvaviscos en una fogata

Mientras miraba al cielo y dejaba que los recuerdos de los días transcurran

Unforgettable

There is so many memories that you are enveloped in
Even if not all I still wondered where you had been
Its hard not to feel sad
Yet you feel guilty for catching yourself feeling happy
You miss their embrace
Their face
Their warmth
Their hugs and smiles
Even if for a while
The presence of their essence
You would know it from far away
Stay, I pray
Unforgettable they are
In our memory they are near
Never far

Inolvidables

Hay tantos recuerdos en los que estás envuelto

Incluso si no todo lo que todavía me preguntaba dónde había estado

Es difícil no sentirse triste

Sin embargo, te sientes culpable por sentirte feliz

Echas de menos su abrazo

Su rostro

Su calidez

Sus abrazos y sonrisas

Incluso si por un tiempo

La presencia de su esencia

Lo sabrías desde muy lejos

Quedó rezo

Inolvidables que son

En nuestra memoria están cerca

Nunca muy lejos

Frost

Bitter cold

Freezes you still

Truth be told

Hard to unmold

Melted by the heat

Solid yet fragile

The chill factor is in the air

Too much to bear

Goosebumps on our skin

The cold frigidness can pierce us within

Helada

Frío

Todavía te congela

La verdad sea dicha

Difícil de desmoldar

Derretido por el calor

Sólido pero frágil

El factor frío está en el aire

Demasiado para soportar

Escalofríos en nuestra piel

La frigidez fría puede perforarnos por dentro

Comfort

I hold your hand for comfort

I hold your hand to heal your hurt

You hold my hand to know I'm there with you

To know I care that you're in pain

I would do it again and again

The warmth keeps me warm

So hold my hand

It's how I can form a way for you to understand

Its not a gesture that is grand

A source of comfort upon the holding of my hand

Comodidad

Te sostendré la mano para consolarte.

Te sostendré la mano para curar tu dolor

Me sostienes de la mano para saber que estoy ahí contigo

Saber que me importa que tengas dolor

Lo haría una y otra vez

El calor me mantiene caliente

Así que sostén mi mano

Así es como puedo formar una manera para que entiendas

No es un gesto que sea grandioso

Una fuente de consuelo en mi mano

Thief

He only comes to steal

He's a thief not worthy of a mention

That is why we must not make him a big deal

He comes to steal joy and peace

Relishes in hate

Wants us to fall apart

Doesn't want us to have love in our heart

Instead we pray for the joy and strength that come from the almighty

That's whom we must seek

Who we should walk with consistently

He sets us free

He guides us

You and me

That's love

That's mercy

That's grace

His strength is what he gives in his place

Ladrón

Sólo viene a robar

Es un ladrón que no merece mención

Es por eso por lo que no debemos hacerle un gran problema

Viene a robar alegría y paz

Disfruta del odio

Quiere que nos desmoronemos

No quiere que tengamos amor en nuestro corazón

En cambio, oramos por la alegría y la fuerza que provienen del todopoderoso

Eso es a quien debemos buscar

Con quién debemos caminar constantemente

Nos libera

Nos guía a ti y a mí

Eso es amor

Eso es misericordia

Esa es la gracia

Su fuerza es lo que da en su lugar

Be

To be seen

Is to be heard

We all want to be understood

To be valued

To be considered

To be respected

Not neglected

To not be dismissed

Or forgotten

At least not to be missed

To know someone has a piece of you that they've gotten

Thawed out what had hardened

Ser

Para ser visto

Es ser escuchado

Todos queremos ser entendidos

Para ser valorado

Para ser considerado

Ser respetado

No descuidado

Para no ser despedido

O olvidado

Al menos no debe perderse

Saber que alguien tiene un pedazo de ti que han conseguido

Descongelado lo que se había endurecido

Spark

The light that is in you is the spark that unites those around you

Guides you

Enlightens you

The world is full of meanness and coldness

Don't let that harden you

It's hard in truth

But do good

It can positively impact your mood

That spark ignites passion

Allows us to strive and be led by compassion

Fill your cup up so you're never empty and run dry

This spark illuminates within you and I

Chispa

La luz que hay en ti es la chispa que une a los que te rodean

Te guía

Te ilumina

El mundo está lleno de mezquindad y frialdad

No dejes que eso te endurezca

Es difícil en verdad

Pero haz el bien

Puede afectar positivamente su estado de ánimo

Esa chispa enciende la pasión

Nos permite esforzarnos y ser guiados por la compasión

Llena tu taza para que nunca estés vacía y seque

Esta chispa se ilumina dentro de ti y yo

Pride

You're a lost soul who hurts

Your pride is as big as your ego

Your heart is frozen

You swear you're rare

Unfortunately, there's many who are as frigid as you

About a dozen

You could care less about mending fences

Instead keep making the same mistakes

Instead of learning new lessons

Orgullo

Eres un alma perdida que duele

Tu orgullo es tan grande como tu ego

Tu corazón está congelado

Juras que eres raro

Desafortunadamente, hay muchos que son tan fríos como tú

Alrededor de una docena

Podría importarle menos la reparación de vallas

En su lugar, sigan cometiendo los mismos errores

En lugar de aprender nuevas lecciones

Been

What is it to heal

To feel

When that's all I've done

Is it at the precise moment of when you have won

Victory has been met

What exactly is dispelled and what we get

I have yet to let myself embrace that effect

Truly I have

With all due respect

Sido

Qué asemos para sanar

Para sentir

Cuando eso es todo lo que he hecho

Es en el momento preciso de cuando has ganado

La victoria se ha cumplido

Lo que exactamente se disipa y lo que obtenemos

Todavía no me he dejado abrazar ese efecto

Verdaderamente tengo

Con el debido respeto

Shining

Put up your gloves

Even if life gives you hard shoves

It's tough that's no lie

It's not easy and sometimes we want to cry

Can't deny

We may stop and ask why

Keep shining

Even if it's hard to see the silver lining

Keep shining

Even if the whole world is a hot mess

Keep shining

Nonetheless

Brillante

Ponte los guantes

Incluso si la vida te da empujones duros

Es difícil que no mienta.

No es fácil y a veces queremos llorar

No puedo negar

Podemos parar y preguntar por qué

Sigue brillando

Incluso si es difícil ver el forro de plata

Sigue brillando

Incluso si el mundo entero es un desastre caliente

Sigue brillando

Sin embargo

A breeze

A warm breeze

To put you at ease

A pina colada under a palm tree

The sand in between your toes

To melt away all your woes

Skin that glows

Breeze that flows

Flows through the sea salt air

Through your hair

As you relax upon a hammock

Without a care

Una brisa

Una brisa cálida

Para tranquilizarte

Una piña colada bajo una palmera

La arena entre los dedos

Para derretir todos tus males

Piel que brilla

Brisa que fluye

Fluye a través del aire salado del mar

A través de tu cabello

Mientras te relajas en una maca

Sin cuidado

Perspective

We can never lose an opportunity to learn from difficult things

We either swim or float

But we won't drown

In this life we are all in the same boat

When we are at our best, we jump with joy

When we are at our lowest and the rains fall upon out coat

We laugh at the stupidity

But we learn to put our best foot forward indeed

Perspectiva

Nunca podemos perder la oportunidad de aprender de cosas difíciles

Nadamos o flotamos

Pero no nos ahogaremos

En esta vida todos estamos en el mismo barco

Cuando estamos en nuestro mejor momento, saltamos con alegría

Cuando estamos en nuestro más bajo y las lluvias caen sobre el abrigo

Nos reímos de la estupidez

Pero aprendemos a poner nuestro mejor pie hacia adelante de hecho de lo que es

Dreams

Scenes of life pass

Some so farfetched

In our memory they are etched

What's often left

Some dreams so unbelievable

Can be done

They are achievable

Not just the ones we sleep to

But the ones we have for me and you

Goals and aspirations

Your dedications

Your motivations

Sueños

Las escenas de la vida pasan

Algunos tan descabellados

En nuestra memoria están grabados

Lo que a menudo queda

Algunos sueños tan increíbles

Se puede hacer

Son alcanzables

No sólo los que dormimos para

Pero los que tenemos para mí y para ti

Metas y aspiraciones

Sus dedicatorias

Sus motivaciones

Riding the wave

It grows closer

We expect to drown

Toss us up and around

Knocked down and got right back up again

Maybe to the same place we had once been

Every wave draws us closer to shore

We think how we could deal with more

Riding each wave causing us to feel sore

But like every obstacle each wave we ride

Hard to evade unfortunately or hide

We are cleansed by the tide

Montando la ola

Se acerca más

Esperamos ahogarnos

Honéstenos arriba y alrededor

Derribado y volvió a subir

Tal vez al mismo lugar que habíamos estado una vez

Cada ola nos acerca a la orilla

Creemos que cómo podríamos lidiar con más

Cabalgando cada ola haciendo que nos sintamos doloridos

Pero como cada obstáculo cada ola que montamos

Difícil de evadir por desgracia u ocultar

Estamos limpios por la marea

Solution

Constant falls

Constant obstacles

Constant hard calls

Where there are so many questions

Where there are many things that seem like constant stalls

Different suggestions to such congestions

Hard digestions

Still we remain open

Open to optimism

To such bad negativism

Positivity is the solution

Becomes the mission

Solución

Caídas constantes

Obstáculos constantes

Llamadas duras constantes

Donde hay tantas preguntas

Donde hay muchas cosas que parecen puestos constantes

Diferentes sugerencias a tales congestiones

Digestión dura

Todavía permanecemos abiertos

Abierto al optimismo

A tan mal negativismo

Positividad es la solución

Se convierte en la misión

Granted

Its hard all of this

We find ourselves asking how we got to this place

Contact and connection is what we miss

A hug and a warm kiss

What we took for granted

Granted we ever cared to realize what we would sow on what we planted

The freedom to not be in constant guard over who's close to us

What we have is electronics that keep us connected

To keep us all at a safe distance and not become infected

Yet missing each other and not feeling neglected

In trade we got spending time with ourselves

With our families

Sitting down not at the top of the list of our needs

Where we were concerned on how we would concede

Concedido

Es duro todo esto

Nos encontramos preguntando cómo llegamos a este lugar

El contacto y la conexión es lo que nos perdemos

Un abrazo y un beso cálido

Lo que dimos por sentado

Concedido que siempre nos importaba darse cuenta de lo que sembraríamos en lo que

Plantamos

La libertad de no estar en constante guardia sobre quién está cerca de nosotros

Lo que tenemos es electrónica que nos mantiene conectados

Para mantenernos a todos a una distancia segura y no infectarnos

Sin embargo, se pierden el uno al otro y no se sienten descuidados

En el comercio tenemos que pasar tiempo con nosotros mismos

Con nuestras familias

Sentado no en la parte superior de la lista de nuestras necesidades

En lo que nos preocupaba cómo concederíamos

Soul Melody

I know you have fallen

Felt like you don't know your calling

Just needed to be picked up after crawling

A hug perhaps and someone to understand

To simply lend a hand

Know you are a part of something greater

A protective layer

An answered prayer

Perhaps what you've waited all along

You are the definition of what enables you to be strong

A sweet song

Sang in tune with the course of your path

Each cord is a depiction of a note played in life

Some deeper and some high

Yet the melody plays the same

We are just souls with a different name

Melodía de Alma

Sé que te has caído

Sientes que no conoces tu camino

Sólo necesitaba ser recogido después de gatear

Un abrazo tal vez y alguien que entender

Simplemente echar una mano

Sabes que es parte de algo más grande

Una capa protectora

Una oración contestada

Tal vez lo que has esperado todo el tiempo

Usted es la definición de lo que le permite ser fuerte

Una canción dulce

Cantó en sintonía con el curso de su camino

Cada cuerda es una representación de una nota tocada en la vida

Algunos más profundos y otros altos

Sin embargo, la melodía toca el mismo cordón a la gente

Sólo somos almas con un nombre diferente

A game of Life

You stare at the abyss

Searching for anything you might have missed

There is nothing to be found

Except yourself

That remains

Fragmented at least

That has yet to have ceased

You were never broken nor lost

Just dealt with a card

A joker

Not realizing you had an ace in reality

Knowing you're a queen in actuality

To compensate for someone's lower mentality

Un juego de la Vida

Miras el abismo

Buscando cualquier cosa que te hayas perdido

No hay nada que encontrar

Solamente lo mismo

Eso permanece

Fragmentado al menos

Eso aún no ha dejado

Nunca te rompiste ni te perdiste

Acabo de tratar con una tarjeta

Un bromista

No te das cuenta de que tenías aun un As en la realidad

Sabiendo que eres una reina en realidad

Para compensar la mentalidad inferior de alguien mal

Emphasize

We destroy each other

Instead of leaning on one another

The world is lost

Worried about living and the cost

There is racism, robbing and killings

No understanding, healing or giving

Emphasize on the material

We rock jewelry, cars and the best

Its okay but giving to the poor should be an emphasize much greater

Nonetheless

There is climate change

What do we expect for the world not to rearrange

Act strange

We are destroying our own precious earth

What about future children who haven't been even birthed

What will they have to clean up when its their turn

If we are not teaching or don't bother to learn

Enfatizar

Nos destruimos el uno al otro

En lugar de apoyarse unos en otros

El mundo está perdido

Preocupado por la vida y el costo

Hay racismo, robos y asesinatos

Sin comprensión, curación o donación

Haga hincapié en el material

Nosotros rock joyas, coches y los mejores

Su bien, pero dar a los pobres debe ser un énfasis mucho mayor

Sin embargo

Hay cambio climático

Qué esperamos para que el mundo no se reordene

Actúa extraño

Estamos destruyendo nuestra propia tierra preciosa

Qué pasa con los futuros niños que ni siquiera han nacido

Qué tendrán que limpiar cuando sea su turno

Si no estamos enseñando o no nos molestamos en aprender

Warrior

You can wear the armor that we are all given as soldiers that walk this earth

Suit up and put it on one peace at a time

Its been provided for us since birth

The helmet of salvation on your head

Breastplate of righteousness

The sword of faith

The belt of truth

This armor is for all of us

Me and you

And may we walk with the gospel of peace

And hold on to the sword of the spirit

May we always wear it

This is against things unseen

May our faith be the one we come to garner on and lean

Guerrera

Puedes usar la armadura que todos se nos ha dado como soldados que caminan por esta tierra

Vístete y ponlo en una paz a la vez como puedas

Se nos ha proporcionado desde el nacimiento

El casco de salvación en tu cabeza

Pecho de rectitud

La espada de la fe

El cinturón de la verdad

Esta armadura es para todos nosotros

Tú y yo

Y que caminemos con el evangelio de la paz

Y agárrate de la espada del espíritu

Que siempre lo usemos

Esto va en contra de las cosas invisibles

Y los protege

Que nuestra fe sea la que venimos a obtener y apoyar

Nunca te alejes

Sunshine

The sun shines upon your face

From place to place

The shade cools you off

But the sun warms you up soft

Whether it's a sunrise or sunset

Whichever phase you get

It's a memory you don't forget

The sunshine shines regardless

Whether a little bit more

Or a little less

On a cold winter day it's a warm hug

Just like cold water on a hot summer day

Either way

It shines your way

La Luz del Sol

El sol brilla sobre tu cara

De un lugar a otro

La sombra te enfría

Pero el sol te calienta suave

Ya sea un amanecer o una puesta de sol

Cualquiera que sea la fase que obtenga

Es un recuerdo que no olvidas

El sol brilla independientemente

Si un poco más

O un poco menos

En un frío día de invierno es un cálido abrazo

Al igual que el agua fría en un caluroso día de verano

De cualquier manera

Brilla a tu manera

Boss

I'm tired of following

Didn't realize I would rather be leading

Didn't know that that's what I would be needing

Instead of seeking

I was the answer

I was the passion

I was the epitome of that fashion

A boss is at another level of frequency

Not meaning that you're not responding to leniency

Confident within your skin and mind

Always creatively seeking answers although to find

Does not mean your in front of the line

But know how to guide those who intertwine the outline

That guides you and I

The one who is divine

Jefe

Estoy cansado de seguir

No sabía que preferiría estar dirigiendo

No sabía que eso es lo que necesitaría

En lugar de buscar

Yo fui la respuesta

Yo era la pasión

Yo era el epítome de esa moda

Un jefe está en otro nivel de frecuencia

No significa que no respondas a la indulgencia

Confianza dentro de la piel y la mente

Siempre creativamente buscando respuestas aunque para encontrar

No significa que su frente de la línea

Pero sepa cómo guiar a aquellos que entrelazan el esquema

Eso nos guía a ti y a ti

El que es divino

Celebrate

59

There is a celebration in one more year of life

For each one of us to sustain and thrive

To be alive

A birthday

A day to acknowledge when each one of us is born

A day to feel celebrated and to be adorned

To reach a point of what we have learned

Laughs, cries, obstacles and lessons

All apart of the vision

A transition period of our mission

To add a candle

To lives missions on what we can't and can handle

To eat a piece of cake

It wont always be a piece of cake

We will have triumphs and mistakes

That's part of life

The rivers and the lakes

To see what we can take

We have family and friends with us to celebrate

Celebrar

Hay una celebración en un año más de vida

Para que cada uno de nosotros sostenga y prospere

Para estar vivo

Un cumpleaños

Un día para reconocer cuando cada uno de nosotros nace

Un día para sentirse celebrado y ser adornado

Para llegar a un punto de lo que hemos aprendido

Risas, lagrimas, obstáculos y lecciones

Todo aparte de la visión

Un período de transición de nuestra misión

Para añadir una vela

A las misiones de la vida en lo que no podemos y podemos manejar

Para comer un pedazo de pastel

No siempre será un pedazo de pastel

Tendremos triunfos y errores

Eso es parte de la vida

Los ríos y los lagos

Para ver lo que podemos tomar

Tenemos familiares y amigos con nosotros para celebrar

Victory

You stayed by my side

We always took care of each other

We got nervous

But I wouldn't have it any other way

I write this to tell you that I will always protect you yesterday and today

I'll always be around

I know I'm the youngest

Might not be the strongest

However, I am the brightest

If no one is with you at every step

You know I'm by your side

I know you have more to give still

You have the will

Don't give up, don't put your head down

Make that fight a victory

Others won't see what your eyes see

Your visions are your missions

Don't listen or believe in negativity

The enemy wants to see you stumble

Remain humble

You will not crumble

You'll rise from this conundrum

Victoria

Te quedaste a mi lado

Siempre nos cuidamos el uno al otro

Nos ponemos nerviosos

Pero no lo tendría de otra manera

Escribo esto para decirte que siempre te protegen ayer y hoy

No importa

Siempre estaré cerca

Sé que soy la más joven

Puede que no sea la más fuerte

Sin embargo, soy la más brillante

Si nadie está contigo en cada paso

Sabes estoy a tu lado

Sé que tienes más que dar todavía

No te rindas, ni bajes la cabeza

Haz de esa lucha una victoria

Otros no verán lo que ven tus ojos

Tus visiones son tus misiones

No escuches ni creas en la negatividad

El enemigo quiere verte tropezar

Permanece humilde que no se derrumbará

Te levantarás de este enigma

Parallels

The end can be a beginning

Not losing only however a whim at winning

Fragile and hard at times

Like finding parallel accustoms that rhyme

Align

That helps us reach within and allow us to define

A definitive line

To make us feel whole and unwind

Our emotions may seem so real

But logicality is what can be more solid than to feel

Its what life consists of living

Paralelos

El final puede ser un comienzo

No perder sólo sin embargo un capricho en ganar

Frágil y duro a veces

Como encontrar acostumbrados paralelos que rimen

Alinee

Eso nos ayuda a llegar y permitirnos definir

Una línea definitiva

Para hacernos sentir enteros y relajarnos

Nuestras emociones pueden parecer tan reales

Pero la lógica es lo que puede ser más sólido que sentir

Es lo que la vida consiste en vivir

Rode's

Which way to travel

Nobody knows

Which way to go

Hopefully, one grows

Which way to delve into

The rode with the river next to where it flows

Which way to go in which not to get lost

Who knows

Which embankment

The one with the most beautiful scenery

Or one in which the rode's have deserts

Which rode's visions should one entail

Whichever is best and relaxing allowing us to inhale

Caminos

Qué camino viajar

Nadie sabe

Qué camino a seguir

Esperemos que uno crezca

En qué camino profundizar

La cabalgata con el río al lado de donde fluye

Qué camino por recorrer en el que no perderse

Quién sabe

Qué terraplén

El que tiene el paisaje más hermoso

O uno en el que los cabalgados tienen desiertos

Que cabalgaron las visiones en caso de que uno implica

Lo que sea mejor y relajante permitiéndonos inhalar

Intact

These winds are cold

They make you tremble

Don't fold

No matter what one is told

We get scared

We shed tears

We compose ourselves

Those tears dry and eventually our vision is clear

We are very much here

Even if at times it's a challenge to steer

Stay focused

Me, you and all of us

Intacto

Estos vientos son fríos

Te hacen temblar

No te dobles

No importa lo que te digan

Nos asustamos

Sigas

Salen lágrimas

Nos componemos

Esas lágrimas se secan y eventualmente nuestra visión es clara

Estamos muy aquí

Incluso si a veces es un desafío dirigir

Manténgase enfocado

Yo, tú y todos nosotros

Let yourself

Let your fingers feel the smooth

The heat

The cold

Let your feet move

Feel the street

All the steps it once told

Let your arms stretch

Gravitate towards the sky where your arms reach

Where you can grasp and hold

Let your legs follow the groove

Feel the beat

Your own curves are intertwined in its own mold

Déjate

Deja que tus dedos sientan la suavidad

El calor

El frío

Deja que tus pies se muevan

Siente la calle

Todos los pasos que una vez dijo

Deja que tus brazos se estiren

Gravitar hacia el cielo donde llegan los brazos

Donde se puede agarrar y sostener

Deja que tus piernas sigan el surco

Siente el ritmo

Sus propias curvas están entrelazadas en su propio molde

Branches

Blue skies

Leaves float above

Branches rise high

Birds fly

Flowers bloom

Toward sunny skies or gloom

Birds glide and hang on steady

Always ready

No fear of falling

Sustained by roots that run deep

Can't be seen

Run steep

Ramas

Cielos azules

Las hojas flotan por encima

Las ramas se elevan alto

Las aves vuelan

Florecen las flores

Hacia cielos soleados o penumbra

Las aves se deslizan y se cuelgan de forma constante

Siempre listo

Sin miedo a caer

Sostenido por raíces que se adentran

No se puede ver

Correr empinado

Make a wish

I swim to you

Captivated by your celestial light

In essence

The stars align

They guide me to your eyes

Shooting stars pass on by

Close your eyes and make a wish

Take your mind to a magnificent bliss

A passionate kiss

The water cools to the touch

Cheeks are flushed

Warmth but never too much

Pide un Deseo

Nado para estar cercas de ti

Cautivado por tu luz celestial

En esencia

Las estrellas se alinean

Me guían a tus ojos

Estrellas fugaces pasan por

Cierra los ojos y pide un deseo

Lleva tu mente a una magnífica dicha

Un beso apasionado

El agua se enfría al tacharlo

Las mejillas están enrojecidas

Calor, pero nunca demasiado

Mending

What is healing

Is it a transition

Progression

Of lessons

Of hurts and pain

Is it always mending

Or acknowledgments of those obstacles we gain

Is it a bridge from one side of hurt to another

Or a way to grapple

To understand and be able to proceed

Something inebriated within us that we all need

Reparación

Qué es la curación

Es una transición

Progresión

De lecciones

De heridas y dolor

Es siempre la reparación

O reconocimientos de esos obstáculos que obtenemos

Es un puente de un lado del dolor a otro

O una forma de luchar

Para entender y poder proceder

Algo ebrio dentro de nosotros que todos buscamos

Nos alegramos cuando lo encontramos

Mean

Bitter at best

Sour and grit

A soul that's full of unrest

Words that cut deep

If you let them seep

A cold enigma that wears a hurtful vest

Warm only when generated toward your ego

Leaving wounds as you go

Not tending to yours

Left open and in need of a sew

Unapologetically slow

But never slow to contest

Only when your ego is stroked nonetheless

Cruel

Amargo en el mejor de los usos

Agrio y grano

Un alma llena de disturbios

Palabras que cortan profundamente

Si les dejas separe

Un enigma frío que lleva un chaleco hiriente

Cálido sólo cuando se genera hacia su ego

Dejar las heridas a medida que avanzas

No cuidar el tuyo

Izquierda abierta y necesitada de coser

Sin disculpas lentas

Pero nunca lento para disputar

Sólo cuando tu ego es acariciado sin embargo

Together

Ups and downs

Light and darkness

All in contrast

Good and bad

Happy and sad

Ying and yang

Altogether in one vast universe

All in waves that transverse

Like stars that flood the heavens disperse

Towards the milky way

Like an echo in space

There's a gap in between that remains empty

That's the balance we need to meet to feel complete

Juntos

Altibajos

Luz y oscuridad

Todo en contraste

Bueno y malo

Feliz y triste

Ying y yang

En total en un vasto universo

Todo en ondas que transversales

Como estrellas que inundan los cielos se dispersan

Hacia el camino lechoso

Como un eco en el espacio

Hay una brecha en el medio que permanece vacía

Ese es el equilibrio que necesitamos cumplir para sentirnos completos

Glimmer

Hope

Hope for the silver lining

For the guiding

Even if at times it seems hiding

It's their trust me

Watch and see

Even if only a glimmer allows to simmer up top

Don't halter or stop

If at best hold on

You're strong

Even if hope seems to get thinner

It's there in the glimmer

El Centello

Esperanza

Esperanza para el forro plateado

Para la guía

Incluso si a veces parece esconderse

Es su confianza en mí

Ver y ver

Incluso si sólo un a fuego lento permite cocer a fuego lento arriba

No se detenga ni se detenga

Si en el mejor de los casos, aguanta

Eres fuerte

Incluso si la esperanza parece ser más delgada

Está allí en el destello

Unknowing

Did you stumble?

Did you fumble?

Did you forget how far you have come?

Never I said

Just held on tight instead

How far one's path must've had to transcend

Without a hand to lend that must bend

How far it goes is as far as one knows

Desconocimiento

Te tropezaste?

Te has dejado caer?

Olvidaste lo lejos que has llegado desde ayer?

Nunca yo dije

Sólo mantuve apretada en mi lugar

Hasta dónde el camino de uno debe haber tenido que trascender

Sin una mano para prestar que debe doblarse

Cómo estás de tan lejos solamente tu sabe

Salt and Pepper

I just used my head

To get ahead

To gain voyage on what I had once left

Took the grain of salt that once peppered me and made a gain

Lit the spark that once had been left for the flame

Passion

It's in me

It's in you

Sal y Pimienta

Solamente use mi cabeza

Para salir adelante

Para ganar el viaje en lo que una vez me había dejado

Tomó el grano de sal que una vez me salpicaba e hizo una ganancia

Encendió la chispa que una vez había sido dejado para la llama

Pasión

Está en mí

Está en ti

Views

Rise like the sun that is in the horizon

Just look within

Within your soul

That part that yearns to learn and love more

What is at the root of us all

The core

Let yourself be uplifted

We each hold such beauties in which we are gifted

If the waves crash in on you

As you might and lose your view

The tide always comes back in

Right back to where you had once been

Vistas

Levántate como el sol que está en el horizonte

Sólo mira dentro

Dentro de tu alma

Esa parte que anhela aprender y amar más

Lo que está en la raíz de todos nosotros

El centro

Déjate elevar

Cada uno de nosotros tiene tales bellezas en las que estamos dotados

Si las olas chocan en contra de ti

Como puedas y perder tu punto de vista

La marea siempre vuelve otra vez

De vuelta a donde habías estado antes

Touch

It touches you with such veracity

The audacity

To do such in a limited capacity

It holds you tight

The adrenaline

The rush of joy

Of love

Of laughs

Of moments we have

We feel

That have us at a grasp

Make us yearn for a second take

A double take

Toque

Te toca con tanta veracidad

La audacia

Hacer esto en una capacidad limitada

Te sujeta fuerte

La adrenalina

La avalancha de alegría

De amor

De risas

De los momentos que tenemos

Nos sentimos

Que nos tienen a la mano

Haznos anhelar una segunda toma

Una doble toma

Fly Once Again

She rises like a flame

Too hard to tame

Leaving behind no evidence of any calamities

Lost indeed perhaps to those not aware

Even with tears in her eyes

She wears her disguise

Oblivious to such pains that reverbate her soul

To such pains that she has let go and not grow hold

A brand new mold

The flame that she was once afraid of burning her

That flame entailed her passion and vision

To conquer this life's missions

Volar una vez mas

Ella se levanta como una llama

Demasiado difícil de domar

Dejando atrás ninguna evidencia de calamidades

Perdido de hecho tal vez a aquellos que no son conscientes

Incluso con lágrimas en los ojos

Lleva su disfraz

Ajeno a tales dolores que reverberan su alma

A tales dolores que ella ha dejado ir y no crecer aferrarse

Un nuevo molde

La llama que una vez tuvo miedo de quemar su

Esa llama implicaba su pasión y visión

Para conquistar las misiones de esta vida

Expand

Don't pay mind to small minds

Expand and create

Even if reasoning might make you alleviate

Create like you haven't ate

Keep working on your innerself

Granted outside sources will pull you

Remain true

True to the vision that you have inside

To expand your mind

Is to seek and find

Expandir

No pongas atención a gente con mentes pequeñas

Expandida y crear

El razonamiento te alivia

Crear como si nos has comido comida

Sigue trabajando por dentro

Concedido fuentes te van a halar para afuera

Permanece fiel

Fiel a la vision que esta a dentro de tu, yo y toda la gente

Para expandir tu mente

Es buscar y eventual encontrar de frente

Appreciate

95

How many trips around the sun

Enough to make you crazy

Even if at times it looks hazy

How many full moons

And yet havent seen one in progress

How many sunrises have you seen rise

How many have you seen set

And yet

We live with out stopping to see the beauty in which is in front of us

While we only see what else we need to get

Enjoy the sun

The moon

The stars

The waters

Near and far

Like our mothers and our fathers

Each one with purpose

Each one gorgeous

Aprecia

Cuantos viajes alrededor del sol

Sufficiente para sentirte loco

Y que te haga sentir brumoso

Cuantas lunas llenas

Y no ver progreso apenas

Cuantos amaneceres has visto salir

O visto bajar

Y todavía vemos la belleza en frente de nosotros

No apreciamos lo que tenemos

Y siempre buscamos

Disfruta el sol

La luna

Las estrellas

El agua

Cercas y lejos

Como nuestros padres y madres

Cada uno con un propósito

Cada uno precioso

Listen

Anger in my veins

Hoping to remain

How much can i sustain

But to burst in pain

That anger is once again

Complain

And yet my sudden temper is not so sudden

Yet miles accumulated like a train

Bargin and charging

Until it explodes

Of all actions once implied yet not imposed

Escucha

La ira a través de mis venas

Con la esperanza de permanecer

Cuánto puedo sostener

Pero para estallar de dolor

Esa ira es una vez más

Quejarme

Y sin embargo, mi temperamento repentido no es tan repentido

Sin embargo, millas acumuladas como un tren

Irrumpir y cargas

Hasta que explote

De todas las acciones una vez implicadas pero no impuestas

Por no escucharme

Shadows

My feet feel the pavement

Steps upon steps i have let caved in

Shadows of past days

Lost my way

Not lost, just misguided

Found the road eventually

Saw that I didn't want to follow lost souls

Perceived whole

To fill a hole

Opened my eyes to the shadows

That route is never ending as it shows

Sombras

Mis pies sienten el pavimento

Pasos en los escalones que he dejado descendido

Sombras de días pasados

Perdí mi camino

No se pierden sólo las desorientaciones

Encontró el camino eventualmente

Vi que no quería seguir almas perdidas

Percibido entero

Para rellenar un agujero

Abrí mis ojos a las sombras

Esa ruta no termina como muestra

Forces

The winds

Stronger with every brisk

Waters with strong currents

Ravage through tides

The rains

That rain until they rise

The heat

Burns felt under your feet

These forces all in one atsmosphere

Where they all meet

Fuerzas

Los vientos

Más fuerte cada vez más rápido

Aguas con fuertes corrientes

Devastación a través de las mareas

Las lluvias

Esa lluvia cayendo hasta que se llenan hasta arriba

El calor

Quemaduras se sentía bajo tus pies

Estas fuerzas todo en una atmósfera

Donde todos por fin se encuentran

Water, Fire and Earth

What would the ocean be with out the moon and sun?

Would it be the end of what was once begun?

Would there even be earth?

Would there even be anyone?

Composed of water, fire and gravity

Not so plain to see

Yet, trusted to take care of us

You and me

The earth changes even if by one degree

But would you even notice?

Are we all just an added bonus?

The dynamics remind us how fragile one is

Realizing we are a separate creation in the middle of all of this

Agua, Fuego y Tierra

Qué sería el mar sin la luna y el sol?

Sería el final de lo que una vez se inició?

Habría tierra?

Habría alguien todavía como nosotros?

Compuesto de agua, fuego y gravedad

No es tan sencillo ver

Sin embargo, confiamos en cuidarnos ahora y mañana siempre

Tú y yo

La tierra cambia aunque en un grado

Pero te darías cuenta?

Somos todos sólo un bono adicional?

La dinámica nos recuerda lo frágil que es uno

Al darnos cuenta de que somos una creación separada en medio de todo esto

Marvelousness

Have you stopped to see the stars at night

If so, did you marvel at the shooting star you saw

Or seen the sun come up past the hills and rise

Did you bother to see if flowers around you even bloomed at all

Or just before a full moon

For just that moment it shines so peacefully with no permission

Did you close your eyes in order to envision

Did you see all the marvelousness that was in your vision?

Maravilla

Te has parado a ver las estrellas por la noche?

Si es así, te maravillaste con la estrella fugaz que viste

O viste el sol salir más allá de las colinas y subir

Te molestó en ver si las flores a tu alrededor incluso florecieron en absoluto

O justo antes de una luna llena

Por justo ese momento brilla tan pacíficamente sin permiso en tu vision

Cerraste los ojos para imaginar sin razón

Viste toda la maravilla que había en tu visión?

Building blocks

Tears have fallen across my cheeks
Of moments that have made me see situations that felt so bleak
Moments I had felt so weak
Didn't know what comfort I would seek
Will i rise or will i fall who knows
From your struggles and from life's blows
We each have a story of our own
We each have a crown that is our own
A wrench that we have been thrown
Bricks from which we have built
From things we heal from and we havent been shown

Bloques para Construir

Las lágrimas han caído sobre mis mejillas

De momentos que me han hecho ver situaciones que se sentían tan sombrías

Momentos que me había sentido tan débil

No sabía qué consuelo buscaría dentro de mi

Me levantaré o caeré quién sabe

De tus luchas y de los golpes de la vida

Dios lo sabe

Cada uno de nosotros tenemos una historia propia

Cada uno de nosotros tiene una corona que es nuestra propia

Una llave inglesa que nos han lanzado

Ladrillos a partir de los cuales hemos construido

De cosas de las que sanamos y no nos han ensenado y todos tenemos en medio

Rising Tide

Depending on the rising of the sea

Just like our daily lives

This will rise or fall

This does not mean we will fall

We will rise

Rise higher than any tide

The peace we seeked inside

That will never subside

That enables you and I

It is our guide

Our tranquility

Peace

Marea en Ascenso

Dependiendo del ascenso del mar

Al igual que nuestra vida diaria

Esto subirá o caerá

Esto no significa que vamos a caer

Nos levantaremos

Sube más alto que cualquier marea

La paz que buscamos dentro

Eso nunca disminuirá

Eso nos permite a tu y yo

Es nuestra guía

Nuestra tranquilidad

Paz

www.ingramcontent.com/pod-product-compliance
Lightning Source LLC
Chambersburg PA
CBHW081929120726
47997CB00010B/3095